AF400112

Dennis Hans Ladener

Freigeist

„Meinung frei schnauze“

Freidenker

1. Auflage
© 2021 Dennis Hans Ladener
(dladener@googlemail.com)

Herstellung und Verlag: BoD – Books on Demand,
Norderstedt.

ISBN: 9783755726616

Dennis Hans Ladener

geboren am 11.05.1990 in Köln, ist ein deutscher **Philosoph und**

Schriftsteller, welcher bereits im jungen Alter von nur **29** Jahren geschafft hat **zehn** **„philosophische Sachbücher"** in Eigenregie auf den Markt zu bringen.

- **Reset: Der Anfang einer Neuen Welt**
- **Die 4 Säulen des Scheiterns**
- **SklavenLEBEN**
- **Das Handbuch der Welt**
- **Die Datenwelt Theorie**
- **Die Datenwelt Theorie 2.0**

- *Arthur Schopenhauer: Eine "kleine" Einführung*
- *Eine kurze Zusammenfassung des Ganzen*
- *Die höhere Erkenntnis: Ein Weg zum besseren Verständnis der Welt*
- *Eine kurze Zusammenfassung des Ganzen & Die höhere Erkenntnis: 2in1 Sonderedition*

Schwerpunkt seiner Arbeiten, sowie seines Denkens beruhen hierbei im Kern auf der Philosophie des brillanten deutschen Philosophen **Arthur Schopenhauer** *(* 22. Februar 1788 in Danzig; † 21. September 1860 Frankfurt am Main).*

Da dessen Hauptwerk **„Die Welt als Wille und Vorstellung"** stets die größte Quelle der Inspiration für ihn selbst bereithielt.

„Ich war wohl schon immer ein klein wenig sonderbar und verbrachte bereits in meiner Kindheit viel Zeit damit über die Welt nachzudenken. Fantasie, Vorstellungskraft, sowie eine stark ausgeprägte natürliche Neugierde waren hierbei stets meine treuesten Begleiter.“

„Das Geheimnis dahinter, warum ich so geworden bin wie ich bin, liegt wohl darin verborgen, dass ich es stets vermieden habe ein „Erwachsener“ zu werden!“

2011 beendete er erfolgreich seine Ausbildung zur ***„Fachkraft für Schutz und Sicherheit“.*** Von nun an konnte er sich voll und ganz auf sein

„persönliches Studium" der Philosophie konzentrieren.

„Mit 21 Jahren verliebte ich mich endgültig in die Philosophie und schließlich auch in die Gedankenwelt Arthur Schopenhauers."

„Es war ein langer, einsamer, sowie steiniger Weg. Doch bereut habe ich es nie ihn gegangen zu sein!"

***Der Antrieb unseres Autors liegt darin, komplexe und nur schwer zu verstehende „philosophische", „gesellschaftskritische" sowie „naturwissenschaftliche" Themen so simpel und anschaulich wie möglich der breiten Bevölkerung zugänglich zu machen.**

Kein leichtes Unterfangen. Doch eines, welches sich definitiv zu versuchen lohnt!

„Du gefällst mir…,
du kleiner Rebell" ;)

Inhaltsverzeichnis

Vorwort

Als Philosoph wird von einem nicht selten erwartet stets eine gewisse Etikette an den Tag zu legen, doch kann es nicht schaden, manchmal seine eigene persönliche Meinung **"frei schnauze"** rein und ungeschönt kreativen Spielraum zu lassen und getreu nach dem Motto **"Augen zu und durch"** darauf zu vertrauen, dass am Ende "eventuell gerade deshalb" dennoch ein gutes Endprodukt dabei herum kommt.

Solche Werke schreibt man nur selten für ein bestimmtes Publikum ", sondern in erster Linie ganz für sich selbst", um angestauten Thematiken endlich doch noch ein **"Ventil"** bieten zu können.

Der offensichtliche Nachteil bei solch emotional geschriebenen Werken ist nach meiner persönlichen Meinung jedoch, dass man wesentlich mehr dazu neigt, seine persönlichen Ansichten über gesellschaftlich kritische Thematiken etwas allzu **"eindimensional"** bzw. verallgemeinert wiederzugeben!

Dennoch bin ich mir sicher, dass dieses kleine unartige Büchlein für den ein oder anderen interessierten Leser eine **„schmackhafte Delikatesse"** darstellen wird!

Wir werden hineingeboren in eine vorgegebene Welt innerhalb eines bereits längst vordefinierten, gesellschaftlichen Systems, ohne jemals tatsächlich ein **"Entscheidungsrecht"** darüber erhalten zu haben, wie dieses System überhaupt genau konstruiert ist und ob wir überhaupt mit dessen uns allesamt jeweilig vorgegeben Regeln, Ritualen, sowie gesellschaftlichen Normen persönlich einverstanden sind.

Es ist ein schreckliches Gefängnis für all diejenigen, welche eben nicht damit konform gehen, lediglich ein "standardisierter **Pressform**mensch" von unglaublich vielen darzustellen, **eine Pein für alle Freigeister** und somit "wahren Menschen" unter unseren ansonsten bereits längst verloren gegangen Brüdern und Schwestern, welche Tag ein Tag aus dazu genötigt werden sich innerhalb der jeweilig herrschenden **"Zombie-Gesellschaft"** radikal zu verstellen oder anzupassen, um nicht von der Flut an längst Gleichgeschalteten und lediglich nur noch als Menschen getarnte **"Npc's"** (*non-player character*) brutal verschlungen zu werden,

welche unbewusst in ihrer schieren
Gesamtheit die "Hüter oder Wächter"
des vorgegebenen "Standards des
Systems" bilden, durch welches sie selbst
erst so geworden sind wie sie sind!

Wer im täglichen Alltag des fest
getakteten, schnelllebigen, sowie nicht
selten stressigen und hektischen Ablauf des
gesellschaftlichen "Lebens" allzu andersartig
negativ auffällt, wird nicht selten und vor
allem radikal und rasant durch die doch
angeblich **"achso moderne aufgeklärte
Gesellschaft"** als ein vermutlich
gescheitertes Individuum beurteilt und
dementsprechend auch als solches
einkategorisiert und behandelt.

Wir alle sind gemeinsam Gefangene
innerhalb dieser Welt auf diesem kleinen
Gesteinsplaneten, stetig ummantelt von der
tiefgreifenden Sinnlosigkeit des
menschlichen Daseins!

**"Der Mensch, ein viel zu komplexes
Wesen innerhalb einer viel zu simplen
Welt!"**

Wir schirmen uns ab von dieser Tatsache,
wir schützen uns. Insbesondere unsere
heutige "moderne Zeit" zeigt uns diesen
Umstand Stück für Stück stets ein wenig
mehr auf.

Überall um uns herum entstehen immer
mehr Facetten der unzähligen digitalen
Ablenkungen. **Wir versinken in lauter
digitale Welten, Serien, Filme,
Videospiele, sowie Virtual Reality (VR),
Facebook, YouTube, Twitch, Instagram,
TikTok und Co.**

**Heutzutage muss alles schnell und billig
sein,** alles tendiert Richtung stumpfsinniger
Oberflächlichkeiten, Geld, Status, Sex,
Gewalt, und Provokation.

**„Alles nichts mehr als eine rein fiktive,
digitale, verzehrte, sowie nicht selten
gleichermaßen verstörende Darstellung
des tatsächlichen Seins!"**

Wir leben in einer Welt voller
scheinheiliger, verdrehter Ungereimtheiten
und lauter Widersprüchen!

Ein Ort, wo der Pöbel der Gesellschaft tatsächlich davon ausgeht, allein durch **„simple Wahlen"** wirklich etwas Entscheidendes verändern zu können, das **"die Mainstream-Medien"** ihnen übermittelt durch "Zeitung und Fernsehen", die <u>tatwahrhaftige, einzige wahre Wahrheit</u> verkünden, **"die Politiker"** nur das Beste für uns alle wollen, **"die Pharma"** uns unsere beste Gesundheit wünscht, **"die Grünen"** die Guten sind, weil sie nun mal die Grünen sind und **"die Antifa"** tatsächlich antifaschistisch sei, weil es sich nun einmal um die Antifa handele!

Sie glauben nicht daran, dass auf der Bühne der internationalen Weltelite, der Politik, der Banken, der Pharma, der Wissenschaften/Religionen, sowie unserer eigenen Geschichtsschreibung und noch zahlreichen anderweitigen bedeutsamen Bereichen, irgendwelche **Verschwörungen, geheime Bünde, Intrigen, Vertuschungen, Manipulationen oder Erpressungen existieren!**

Sie glauben vielmehr leidenschaftlich daran, dass doch im Großen und Ganzen gesehen alles sehr wohl mit rechten Dingen verläuft und seine wohlgeordnete Richtigkeit hat, was man uns von dort oben verkündet oder befiehlt.

„Und das alles stets voller Inbrunst, prahlend unter der Flagge der Demokratie, von welcher wir aktuell jedoch noch so weit entfernt sind, wie ich davon ein Gott verdammter Milliardär zu sein!"

Ja die meisten der sogenannten Menschen, welche die Masse unserer heutigen Gesellschaft bilden, sind ausgesprochen "simpel und einfach" gestrickt, doch wurden sie auch systematisch, insbesondere über die letzten paar Jahrzehnte angefangen, bereits bei unserem angeblichen Bildungssystem gnadenlos **"verdummt dressiert"** worden!

Eine schreckliche Erkenntnis, welche jedoch kaum ein Betroffener selbst zu erkennen vermag!

Versuchen sie doch einmal einem dummen
Menschen zu erklären, dass er dumm ist...

**"Ist wahrscheinlich vergleichbar wie mit
einer Taube Schach zu spielen!"**

Anstatt sie wagen zu begreifen und sich
endlich einzugestehen, dass sie eben doch
sehr wohl von eben genau dem System
"verarscht und betrogen" wurden, welches
sie selbst tagtäglich mit aufrechterhalten und
schützen, machen sie einfach stetig weiter
wie gehabt!

**"Gefangene, sowohl im leiblichen
als auch im geistigen Sinne zugleich!"**

Als ich mit Anfang 20 diesen Umstand nach
und nach immer mehr begriff, reagierte ich
dagegen mit Wut und plötzlich entfachtem
Ehrgeiz...!

*"Ich wollte mich nicht länger verarschen
lassen" und weiterhin eine "fiktive
märchenhafte Darstellung der tatsächlichen
Gegebenheiten für das wahrhaftig Echte
halten!"*

Ich wollte "klug" werden,
so klug, dass nichts und niemand mehr dazu
imstande sein sollte mich zu manipulieren
oder wie die meisten meiner Mitmenschen,
innerhalb eines "wachkomaartigen"
Seinszustand gefangen zu halten.

Jeder gesunde Mensch besitzt ab dem
Zeitpunkt seiner Geburt ein unglaubliches
geistiges Potential, **"Du und Ich" ,**
"Wir Alle" sind mit einem
einzigartigen, unglaublich komplexen
"Hochleistungsrechner" ausgestattet,
welchen wir "das Gehirn" nennen.

„**Ich dagegen nenne es eine unvorstellbare**
potentielle Macht zum möglichen
Erlangen der menschlichen Freiheit!"

Doch nützt dies alles nichts, wenn die
Mehrheit einstimmig darauf verzichtet diese
Kraft effektiv zu nutzen bzw. sie überhaupt
erst richtig zu entfachen!!!

Die Elite dieser Welt dagegen hat
längst erkannt wie der Mensch als Masse
funktioniert!

Sie hatten lange genug Zeit und
genügend Mittel, um dies zu studieren,
sie wissen wie man uns Menschen zu
genüge "unter Kontrolle" bringen kann,
**indem man beispielsweise die öffentlich
anerkannten "Mainstream-Medien" dazu
nutzt, um gezielt "Angst und Schrecken"
zu verbreiten oder um Unschuldige
schuldig und Schuldige unschuldig
erscheinen zu lassen!**

Der Mensch wird von Tag 1
an seines Lebens in jeder Hinsicht bereits
betrogen und massiv in seiner eigenen freien
persönlichen Entwicklung eingeschränkt,
die Eltern des jeweiligen Kindes, welche
ihrerseits bereits selbst schon
"die Propaganda des Systems"
durchlaufen haben, werden ganz egal,
ob gewollt oder ungewollt, bereits instinktiv
und somit nicht selten vollkommen
unbewusst, einen nicht zu unterschätzenden
Anteil ihrer eigenen, bereits vollzogenen
Hirnwäsche **in Form der sogenannten
"Erziehung" auf das Kind projizieren
und weitergegeben!**

Der nächste größere Faktor wäre nun unser staatliches Bildungssystem, welches meiner persönlichen Meinung nach absolut nichts mit tatsächlicher Bildung zu tun hat, sondern vielmehr **(ver)**bildet.

„Wahre Bildung besteht vielmehr darin, dem Menschen beizubringen, vollkommen eigenständig zu denken!"

Sie kennen es vielleicht selbst, egal wie sehr motiviert das Kind am Anfang des Schulbeginns noch war, lässt die Begeisterung bei den Kindern auch meist relativ schnell wieder nach!

Dies liegt nicht selten daran, weil die Schule allein zu dem Zwecke umfunktioniert wurde, **stetig eine weitere Generation an neuen Arbeitssklaven für den Kapitalismus hervorzubringen** und diese so lange beschäftigt zu halten, bis sie schließlich bereits alt und abgestumpft genug sind, um in **"die schöne neue Welt"** zum Arbeiten und ausgebeutet werden, entlassen werden zu können.

Sei mal ehrlich zu dir selbst und sag mir bitte, was haben wir zwei in all den Jahren schon großartig in der Schule gelernt, was uns im Leben außerhalb der Schule tatsächlich maßgeblich weitergeholfen hat?

Nichts gegen die Lehrer, mir ist bewusst, es gibt wirklich traumhaft gute auf dieser Welt, doch auch diese sind leider dazu gezwungen, sich an den vorgelegten Ablauf durch den Lehrplan zu halten.

In der Grundschule mag dies von mir aus ja alles noch halbwegs seine Richtigkeit haben, "doch in der Gesamtheit der Schulzeit betrachtet kommt viel zu wenig wirklich für das echte Leben sinnvolle dabei herum!"

Was man dagegen lernt, ist zu einer fest vorgegebenen Uhrzeit, an einem fest vorgegebenen Ort, für einen fest vorgegebenen Zeitraum, gehorsam sein elendiges Dasein zu fristen, um auf Krampf über Jahre immer wieder hastig neue, größtenteils sinnbefreite, stumpfsinnige Informationen zu verschlingen, nur um sie dann für die jeweilige Klausur gleich wieder zu erbrechen **"und am besten auch gleich wieder zu vergessen!"** Weil man auch bereits schon wieder das nächste "für dein Leben", ach so wichtige Thema beginnt…

Wer es schafft diesen Dauerkreislauf der absoluten Zeitverschwendung "mit Erfolg und Bestnoten" zu absolvieren, ohne dabei zu hinterfragen, "was zur Hölle man hier eigentlich gerade macht…", **muss doch entweder ein verdammter Masochist oder eine echte Maschine sein!**

Zu genüge kommt es sicherlich auch vor, dass „**die Eltern**" zu dieser Qual einen gehörigen Anteil dazu beitragen, da sie oftmals ihr eigenes, schulisches, bzw. berufliches Versagen **"oder ihr generell mangelndes Talent, für überhaupt irgendetwas"**, plötzlich durch ihren Nachwuchs, doch noch möglicherweise **"kaschiert"** sehen!

"Wenn man selbst schon nichts gesellschaftlich Anerkanntes erreichen konnte, dann jawohl wenigstens der eigene Nachwuchs, schließlich besser als nichts...!"

Ein weiteres Problem ist, dass heutzutage das durchschnittliche Alter der Eltern oftmals sehr jung ausfällt und der leibliche Vater **aufgrund der nüchternen Tatsache, dass die Schwangerschaft nicht selten ein ungewollter Unfall war,** entweder augenblicklich die Beine in die Hand nimmt oder, dass die Beziehung dieser noch sehr jungen und unerfahrenen Menschen, relativ schnell an den neuen herausfordernden Gegebenheiten zerbricht!

Bei älteren zukünftigen Eltern ist es dagegen lediglich ein nicht selten verzweifelter und immer mit Egoismus verbundener Versuch der Beziehung oder dem eigenen erbärmlichen Dasein, endlich doch noch einen tieferen Sinn verleihen zu können, **ein unfairer Deal, wobei das jeweilig gezeugte Kind am Ende wohl in genau derselben scheiß Situation landen wird, weshalb seine Eltern es einst ursprünglich überhaupt erst gezeugt hatten!**

Das Problem ist nur, wenn das Kind oder die Kinder dann erst einmal da sind,

aber der Vater plötzlich gefühlt mehr Zeit
auf der Arbeit verbringen muss, als er bei
seiner Familie zuhause sein kann und die
Mutter folglich deswegen die meiste Zeit
mit den Kindern im Heime auf sich allein
gestellt, noch gestresster ihren Tag beendet
als ihr Mann, der auf der Arbeit war!

**„Gemeinsam wird eine Familie
gegründet, doch getrennt voneinander
wird sie gelebt!"**

<u>Der Mann opfert sein eigenes Dasein,</u>
um das Geld zu erwirtschaften, was der
Familie ein gutes Leben ermöglichen soll,
wovon er selbst jedoch überhaupt keinen
wirklichen Anteilen haben kann, während
die Frau hingegen, nicht selten völlig
überfordert, die Erziehung der Kinder
übernimmt und zeitgleich das Mädchen
für alles spielt.

**Dann gibt es da noch diese ganz
Intelligenten unter uns,** die, obwohl sie
beide absolut karrieregeil ausgerichtet sind,
plötzlich dennoch zu dem Entschluss

kommen, das der richtige Zeitpunkt dazu
gekommen sei, ein Kind zu bekommen:

*"Schließlich könne sich ja auch eine
Tagesmutter oder die Großeltern um das
kleine kümmern, während Mami und Papi
weiterhin fleißig einen auf äußerst
wichtigmachen gehen!"*

Oder die Eltern, bei welchen man
problemlos hätte wetten können, sie
trainierten gemeinsam unaufhaltsam für
eine Weltmeisterschaft, zum asozialsten
Traumpaar des Jahres.

***"Der asozialste Abschaum der Menschheit
generiert mehr Kinder als Paul McCartney
und John Lennon Nummer 1-Hits!"***

Arme verlorene Kinder, welche leider
Gottes viel zu oft in die Fußstapfen ihrer
Eltern treten und ihrerseits selbst wieder
"Asoziale-Kinder" zeugen, **ein Kreislauf
des "Elends",** welche nur die
allerwenigsten dieser bemitleidenswerten
und im Grunde vollkommen unschuldigen,

kostbare Geschöpfe, durch ihre eigene Kraft
durchbrechen können!

**Doch selbst dann, wenn zunächst alles
halbwegs gut zu verlaufen scheint,**
innerhalb des "Eltern / Kind-Konstruktes",
selbst wenn die Eltern die besten der besten
zu sein scheinen und stets nur das Beste
versuchen und beste beabsichtigen, selbst
dann ist die Wahrscheinlichkeit sehr stark
gegeben, dass es von **"dieser heutigen Zeit
des grenzenlosen Wahnsinns"** zunächst
Stück für Stück verschlungen und
schließlich genauso geisteskrank wie der
mehrheitliche Anteil der Bevölkerung
wieder ausgespuckt wird!

Spätestens dann, wenn der eigene, zuvor
noch unglaublich süße und brave kleine
Engel, plötzlich ein gewisses Alter
überschritten hat, wo eine Art der
"diabolischen Metamorphose" beginnt
und man sich nun auch noch immer mehr
selbst eingestehen muss, dass der kleine
Kevin oder die kleine *Jaqueline-Jessica*
anscheinend doch nicht mehr dieses zuvor in
der "Grundschule" noch ach so besondere

hochbegabte Wunderkind mehr darstellt,
**sondern viel mehr zu einem undankbaren
faulen Schwein mutierte, welches
innerhalb einer Müllhalde lebt, die
eigentlich ursprünglich einmal ein
schönes Jugendzimmer darstellen sollte!**

**Und man für das eigene Kind nur
noch dann tatsächlich interessant
erscheint,** wenn es jemanden benötigt,
um seine ach so bedeutsamen Probleme
abzuladen, sich die eigene Langeweile
zu vertreiben oder nur, um mal wieder nach
Geld zu fragen, obwohl es dafür selbst im
Gegenzug überhaupt nicht bereit ist einen
Funken Respekt, Mitarbeit und Dankbarkeit
entgegen zu bringen!

Ja, spätestens dann sollte man sich
wirklich fragen, ob "das Projekt Vater,
Mutter, Kind" nicht eventuell doch etwas
"sehr andersartig" verlaufen ist als
ursprünglich einmal gedacht!

Doch Eltern tendieren dazu sich selbst zu belügen, was ihre eigenen Kinder betrifft. Insbesondere Mütter neigen maßgeblich dazu sich die tatsächlichen Gegebenheiten der Umstände selbst so **"bunt und schön"** wie möglich einzureden, selbst dann noch, wenn die Fakten klar und deutlich aufzeigen, **dass es wohl für diese Welt sehr wohl deutlich besser gewesen wäre, wenn sie sich doch bloß nicht hätten schwängern lassen!**

Welch unwürdiges Verhalten die vermeintliche "Krönung der Schöpfung" diesem "fiktiven Titel" gegenüber widersprüchlich an den Tag legen kann, hat bestimmt jeder einzelne von uns bereits zu genüge am eigenen Leibe erfahren können, doch zeigen uns insbesondere sieben, mehr oder weniger bekannte, psychologische Experimente diesen Umstand immer wieder aufs Neue wunderschön auf…

1. Konformitätsexperiment von Asch:

Eine gewisse Anzahl an zuvor bereits eingeweihten Probanden saß gemeinsam an einem großen Tisch. Der Testperson, welche diesen Raum frisch betrat, wurde jedoch fälschlicherweise der trügerische Eindruck vermittelt, es handle sich bei diesen Menschen um weitere, rein zufällig ausgewählte, freiwillige Teilnehmer an dem Experiment.

Auf einem Bildschirm wurde der gesamten Gruppe schließlich eine Säulen-Grafik dargeboten, gleich daneben wurden drei weitere Säulen dargestellt.
Nun war es die Aufgabe der einzelnen Personen so genau wie möglich einzuschätzen, welche dieser Grafiken identisch lang erschien wie die Hauptsäule.

Bei jedem einzelnen Durchgang war eine der drei Säulen deutlich gleich lang wie die Hauptsäule. Die eingeweihten Probanden sollten nun zunächst ihre wahre Einschätzung äußern, welche Säule die identische sei.

Erwartungsgemäß machten die nicht eingeweihten Versuchspersonen unter dieser Bedingung kaum Fehler!

Es fanden in jeder Gruppe jeweils 18 Schätzungen statt. Während sechs dieser Durchgänge waren die Eingeweihten dazu aufgefordert, stets ein richtiges Urteil abzugeben, um zunächst glaubhaft zu erscheinen. Während der verbliebenen zwölf Durchgänge sollten die Vertrauten jedoch plötzlich einstimmig ein eindeutig falsches Urteil abliefern.

Die jeweils zuvor nicht eingeweihte Testperson passte sich hierbei bei etwa einem Drittel aller Durchgänge trotz offensichtlicher Fehlentscheidung der anderen dennoch der Mehrheit an!

Nur ungefähr ein Viertel aller Versuchspersonen blieb unbeeinflusst, sie machten auch in den zwölf manipulierten Durchgängen keinen nennenswerten Fehler mehr!

2. Das barmherzige Samariter-Experiment:

Princeton-Studenten wurden dazu angeworben, um in den frühen 1970er Jahren höchstpersönlich einen angeblich, ach so wichtigen Vortrag auf einem anderen Teil des Campus zu halten.

Als sie ihre Anweisungen schließlich bekamen, wurde ihnen mitgeteilt, wie dringlich sie doch unverzüglich zum Veranstaltungsort gelangen und unverzüglich bereits jetzt schon ihren Vortrag beginnen mussten.

Auf ihrem Weg hatten die Leiter des Versuchs jedoch einen Schauspieler positioniert, welcher sich vor Schmerzen krümmte und nach außen hin wirkend offensichtlich in großer Not war!

Sie wollten damit in Erfahrung bringen, welche Auswirkungen die Dringlichkeit einer Anweisung auf die Wahrscheinlichkeit hatte, dass die Schüler dadurch aufhörten anderen in Not zu helfen!

Das Ergebnis:

Lediglich 10% derjenigen, denen gesagt worden war, dass ihr Vortrag unverzüglich beginnen musste, kamen überhaupt auf den Gedanken dem Mann zu helfen, einige stiegen buchstäblich über ihn hinweg. Weniger als 50% aller Studenten hielten überhaupt an!

Die traurige Ironie des ganzen war zudem, dass es sich hierbei um "Studenten der Theologie" handelte, welche der Meinung waren, sie würden gleich einen Vortrag "über das Gleichnis vom barmherzigen Samariter" sprechen...!

3. Das Braune Augen /
Blaue Augen Experiment:

Am Tag nach der Ermordung von Martin Luther King *entschied die Lehrerin Jane Elliott, dass sie ihren Schülern helfen wollte, die Folgen für eine Minderheit in einer von Rassismus, Angst und Hass geprägten Gesellschaft nachzuvollziehen.*

Sie teilte die Klasse dafür in zwei unterschiedliche Lager, zum einen die Kinder mit "blauen Augen" und zum anderen alle, welche "keine" blaue Augenfarbe besaßen!

Sie erklärte den Kindern, dass für den Zeitraum des Versuches blauäugige Menschen maßgeblich "überlegener" seien und behandelte diese Kinder dementsprechend bevorzugter, indem sie beispielsweise wesentlich entspannter mit ihnen umging, ihnen viel längere Pausenzeiten gewährte und ihnen generell mehr Aufmerksamkeit schenkte!

Den anderen Kindern wurde aufgetragen sich in die hinteren Reihen der Klasse zu setzen, zudem wurden sie plötzlich ungewöhnlich schroff und mit großer Verachtung behandelt.

Der erstaunlichste Teil dieses Versuches war die Tatsache, dass bereits am Ende des ersten Tages massive Veränderungen innerhalb der Gemeinschaft stattgefunden hatten.

Die blauäugigen Kinder, welche zuvor noch Schwierigkeiten in der Schule gehabt hatten, begannen nun schlagartig besser zu werden, während die zuvor schlauen, aber braunäugigen Kinder plötzlich massiv zu kämpfen hatten.

Die blauäugigen Kinder begannen bald die anderen zu beleidigen und zu erniedrigen!

Die Lehrerin Elliott war jedoch zum Glück erfahren und vernünftig genug den Versuch bereits schon nach dem ersten Tag umzukehren, um schließlich beiden Seiten die Möglichkeit zu geben zu verstehen, wie es sich anfühlt so ungleich behandelt zu werden!

4. Das Experiment des Zuschauer-Effekts:

Im Jahr 1964 *wurde Kitty Genovese in New York auf offener Straße ermordet. Die grauenvolle Tat wurde zum Tatzeitpunkt zwar von unzähligen Passanten wahrgenommen, jedoch lediglich passiv beobachtet. Ihr Angreifer, Winston Moseley, hatte sie dabei noch nicht einmal wirklich schnell umgebracht!*

Nachdem er mit einem Messer zunächst nur einmal zugestochen hatte, rannte er zurück zu seinem Auto, nur um kurz darauf wieder zurückzukehren, um noch weitere Male auf sie einzustechen während sie bereits verblutend auf dem Boden lag!

In den Medien tobte ein Sturm der Empörung darüber, wieviele Menschen während der Tat nichts aktiv unternommen hatten!

Der Bystander-Effekt: *Je mehr Menschen eine Szene wie die zuvor beschriebene miterleben, desto weniger wird*

*wahrscheinlich ein Einzelner etwas dagegen
aktiv unternehmen!*

*Die Psychologen John Darley und Bibb
Latane beschlossen diese Theorie vier Jahre
nach den Geschehnissen innerhalb eines
kontrollierten Versuches selbst einmal zu
testen. Diesmal täuschte jemand einen
lebensbedrohlichen Anfall vor!*

Die Ergebnisse waren verblüffend *ähnlich
wie bei Kitty Genovese...*

**Je mehr Menschen anwesend waren, desto
unwahrscheinlicher war es, dass auch
tatsächlich jemand half!**

5. Das psychologische Räuber-Höhlen-Experiment:

Während des Sommers im Jahre 1954 holten zwei Busse jeweils eine Gruppe an elf 12-jährigen Jungen ab und brachten sie zum Robbers-Cave-State-Park in "Oklahoma".

Keiner der Jungen kannte einen der anderen innerhalb seiner Gruppe und weder die eine noch die andere Gruppe wusste überhaupt von der Existenz der anderen!

Nach der ersten Woche sorgte der Sozialpsychologe Muzafer Sherif schließlich dafür, dass die beiden Gruppen aufeinander trafen, um Wettbewerbe gegeneinander auszutragen, darunter unter anderem ein Baseballspiel.

*Die Jungen hatten da bereits unterschiedliche Gruppenkulturen geschaffen, die dazu führten, dass sie sich die Namen **„Die Rattler"** und **„Die Adler"** gaben.*

Die Rattlers übernahmen das Feld *sofort und pflanzten sogar eine Flagge, um zu*

zeigen, dass sie das Feld bereits schon vor
Beginn des Spiels für sich beanspruchten.

Ab diesem Zeitpunkt verschlechterten sich
die Zustände rapide schnell, angefangen von
verbalem Missbrauch bis hin zum Plündern
der Wohnräume, sowie dem Diebstahl von
persönlichem Eigentum.

Die Organisatoren des Versuches mussten
zeitnah eingreifen und das psychologische
Experiment abbrechen, um die plötzlich
unerwartet auftretende, reale Chance auf
körperliche Gewalt augenblicklich zu
unterbinden!

6. Das Stanford Prison Experiment:

1971 baute der Psychologe Philip Zimbardo *ein "falsches Gefängnis" unter der psychologischen Abteilung in Stanford und stattete es mit zahlreichen Überwachungskameras aus, damit alle dort geschehenen Ereignisse rund um die Uhr gefilmt werden konnten.*

*Er rekrutierte **24** interessierte Studenten, welche entweder die Rolle eines Insassen oder die eines Gefängniswärters spielen sollten.*

Während die Gefangenen rund um die Uhr in ihren Zellen gehalten wurden, wurden die Wachen in 8-Stunden-Schichten gewechselt!

Die Wachen wurden angewiesen streng zu sein und keine „Unruhestifter" oder Ungehorsam zu tolerieren!

Es dauerte nicht lange *bis sie ihren Anweisungen sehr ernst nahmen und ehrgeizig befolgten, als schließlich bereits schon am zweiten Tag die Gefangenen*

anfingen, aufgrund der Umstände, zu
rebellierten und ihre Zellen zu blockieren.

Weniger als eine Woche dauerte es bis
die Wachen zu schockierenden Taktiken
der sexuellen Erniedrigung, sowie
psychologischen und physischen
Missbrauchs griffen. Einige Gefangene
zeigten bereits Anzeichen von Hilflosigkeit
und Depression!

Das zweiwöchige Experiment dauerte
insgesamt nur **sechs Tage** an, bis die
„Gefangenen" schließlich wieder
herausgelassen wurden, weil Versuchsleiter
Zimbardo immer mehr anfing, sich nicht nur
um ihre Sicherheit, sondern tatsächlich um
ihre Leben Sorgen zu machen!

**An diesen Studenten war zuvor nichts
wirklich ungewöhnliches oder auffälliges
festgestellt worden** und wer weiß, wenn du
einer von ihnen gewesen wärst, hättest du
dich sogar vielleicht ziemlich ähnlich
verhalten wie sie auch, wenn du nun
wahrscheinlich denkst, dass du es nicht
getan hättest!

7. Milgram-Experiment:

**_Milgram ist das berühmteste
psychologische Experiment aller Zeiten_**
_und ebenso so beunruhigend wie das zuvor
bereits erläuterte "Stanford-Experiment!"_

_Das Milgram-Experiment ist erstmals im
Jahr 1961 in New Haven durchgeführt
worden, um die Bereitschaft
"durchschnittlicher Personen" zu testen
"autoritären Anweisungen" auch dann
noch weiterhin Folge zu leisten, wenn
sie in "direktem Widerspruch zu ihrem
persönlichen Gewissen stehen!"_

_Der Erfinder des Versuches Stanley
Milgram vermutete, dass die Anhänger
von Adolf Eichmann, "der wohl
Hauptverantwortliche Nazi bei der
Organisation des Holocaust", nichts weiter
waren als "normale Menschen", welche sich
aufgrund der unterschiedlichsten
Beweggründe lediglich bereitwillig der
neu auftretenden Autorität gebeugt hatten!_

Das Experiment:

Milgram erzählte den jeweiligen
Probandenpaaren, dass er eine Art
Gedächtnis-Experiment durchführen wollte
und wies dann einem der beiden die Rolle
als Lehrer und einem die des Schülers zu.

Der Lehrer und der Schüler wurden
zunächst in getrennte Räume gesetzt,
der Lehrer wurde dann angewiesen,
dem Schüler jeweils ausgeübt über einen
Mechanismus, einen elektrischen Schlag
zuzufügen, wenn er eine Frage falsch
beantworten sollte!

**Sowohl die "Versuchsleiter", als auch die
"Schüler" waren "Schauspieler" und die
Stromschläge erfolgten nicht tatsächlich
real!**

Dies blieb "den eigentlichen
Versuchspersonen", "den Lehrern" jedoch
verborgen, so dass sie davon ausgehen
mussten, den Schülern "echte Schmerzen"
zuzufügen!

Die Schwere des Stromschlages wurde schrittweise immer wieder erhöht, die nicht eingeweihten Testpersonen konnten sogar sein Opfer vor Schmerzen lauthals schreien hören!

Einige widersetzten sich zwar zunächst ein wenig *und behaupteten, sie wollten eigentlich niemandem Schmerz zufügen, aber sie taten es dennoch weiter, als der Autoritäre Mann im "weißen Kittel" ihnen unnachgiebig sagte, "das dies alles lediglich Teil des Experiments sei und alles seine Richtigkeit hätte!"*

Die Intensität der Schocks nahm im Laufe des Versuches einen solch gravierenden Grad an, dass es wohl sehr viele Leichen hätte zu erklären gegeben, wäre das psychologische Experiment in Wahrheit tatsächlich echt gewesen!

„Als Menschen sind wir wohl alle
in der Lage unter extremen oder
seltsamen Umständen entsetzlich
irrational zu handeln!“

Ich möchte hier an dieser Stelle einmal meinem Frust freien Lauf lassen und ein paar Worte an all diejenigen richten, welche "kritisch denkende Menschen", insbesondere zu Zeiten "Coronas", als -Schwurbler, -Verschwörungsspinner, -rechtsradikale Nazis, -Aluhutträger oder sonstiges bezeichnen.

Als 1933 der Nationalsozialismus in Deutschland begann, gab es ebenfalls kritische Menschen, welche sich mutig und tapfer gegen das aufkommende neue System stellten. Parteimitglieder, Pädagogen, Ärzte, Wissenschaftler, Theologen, Schriftsteller und viele mehr. Die Bevölkerung wusste nur wenig über diese Menschen und bekamen zudem durch die Medien des Dritten Reiches ein stets "bewusst falsches", sowie "gleichgeschaltetes Bild" von ihnen vermittelt!

Als Gleichschaltung bezeichnet man die Ausrichtung von Organisationen, Institutionen, Parteien, Verbänden und somit in letzter Konsequenz auch die jedes einzelnen Bürgers auf die politische Agenda und Ideologie des jeweilig herrschenden Systems!

Selbstverständlich betraf die
Gleichschaltung ebenfalls alle Bereiche
der **"Judikative, Legislative als auch
Exekutive."**

Aber auch andere Sparten, wie die
"der Medizin", nahmen einen verheerenden
gleichgeschalteten Verlauf an!

Ungefähr die Hälfte der ansässigen
Ärzte wurden "NSDAP-Mitglieder"
und beschäftigten sich fortan mit
Zwangssterilisation, grausamen
Menschenversuchen und dem
Feld der Euthanasie.

Doch die Menschen jener Zeit sagten damals
aufgrund der Gleichschaltung ganz einfach...

**SIE HÄTTEN ÜBERHAUPT NICHTS
DAVON GEWUSST!**

Geblendet durch die Medien auf
einfachster psychologischer Art und Weise,
beispielsweise durch den sogenannten
Framing-Effekt (*Bei dem es um die
Verpackung von Informationen geht.*)

Oder dem Bystander-Effekt (*Bei dem es um die Hilfsbereitschaft bei Notfällen und Ungerechtigkeiten geht.*)

Dem Begründungseffekt (*Bei dem es darum geht, dass kausale Zusammenhänge überbewertet werden.*)

Dem Barnum-Effekt (*Welcher vage oder allgemeine Aussagen behandelt.*)

Oder dem Angleichungseffekt (*Welchem sich vor allem Politiker allzu gern bedienen!*)

Dieselben Muster kann man überall in der Welt wiederfinden: Im kommunistischen China, im Russland unter Stalin, in der Deutschen Demokratischen Republik, in Bosnien Herzegowina und so weiter.

"Hierbei geht es stehst um die Gleichschaltung der Gewaltenteilung, die absolute Hoheit der Politik, sowie die Diffamierung und Verfolgung Andersdenkender!"

Wir erleben insbesondere heute zu Zeiten Coronas wieder eine ähnliche brisante und gefährliche Situation wie in vielen Epochen bereits zuvor:

„Gewöhnliche Leute, Ärzte, Anwälte und Wissenschaftler gehen auf die Straße, um über die aktuell herrschenden Zustände zu berichten, um auf sie aufmerksam zu machen."

Seitens der Politik wird zeitgleich durch ihr mächtigstes Werkzeug **"Die Mainstream-Medien"** eine erbarmungslose "Hetzjagd" gegen diese Menschen betrieben!

„Oftmals allerdings so dämlich, dass sie sich nicht selten dabei unzählige Male selbst widersprechen!"

"Staatliche finanzierte Wissenschaftler", welche nur im Sinne der Agenda der Herrschenden agieren und fungieren!

Gesundheitsämter, welche sich darauf vorbereiten, Kinder aus den Familien zu reißen, um sie separiert unterzubringen.

"Kritischen Ärzten wird plötzlich die Approbation entzogen, anerkannte Wissenschaftler und Professoren werden klein, verrückt und rechtsradikal geredet!"

Sind es tatsächlich ausgerechnet die Bürger, die sich kritisch gegen diesen Unfug auflehnen, welche man leichtfertig und völlig unbedacht als **Nazis** und **Schwurbler** bezeichnen sollte?

„Hat uns die Geschichte nicht längst eines besseren belehrt...?"

Wer sich mit dem Beispiel des dritten Reiches schwer tut... keine Sorge, es gibt noch genügend andere...

"Ein marxistisches System erkennt man daran, dass es die Kriminellen verschont und den politischen Gegner kriminalisiert!"-Alexander Solschenizyn

LGBTIQ
Lesbische, schwule, bisexuelle, transgender, intersexuelle und queere

Es gibt Frauen, die auf Frauen stehen.
Männer, die auf Männer stehen.
Frauen, die auf beide Geschlechter stehen.
Männer, die auf beide Geschlechter stehen.
Dann gibt es noch Frauen, die sich wie
Männer fühlen.
Und Männer, die sich wie Frauen fühlen.

Dann gibt es noch Frauen, die sich selbst zwar als Mann empfinden, aber dennoch wie eine Frau ihr eigenes Kind gebären wollen.

Und Männer, welche sich zwar selbst als Frau empfinden, aber dennoch ihren männlichen Samen für die Befruchtung ihres eigenen Kindes nutzen möchten!

Wenn nun eine Frau, die eigentlich ein Mann sein will und ein Mann, der eigentlich

eine Frau sein möchte, sich schließlich
romantisch ineinander verliebt haben und
die beiden Glücklichen schließlich auch
noch ein gemeinsames Kind wollen...

*... "ist der Mann, welcher jedoch
anatomisch gesehen noch immer eine Frau
darstellt plötzlich schwanger von seiner
Freundin, welche entweder
1. ihr Sperma als Mann etwa vor der
Geschlechtsumwandlung noch einfrieren
ließ oder zweitens anatomisch gesehen
noch immer einen Mann darstellt!"*

Alternativ kann es natürlich auch gut
möglich sein, dass ein Mann, welcher
auf andere Männer steht, mit einer Frau
zusammen kommt, welche sich selbst
jedoch als Mann empfindet. Oder das eine
Frau, welche auf andere Frauen steht, mit
einem Mann zusammen kommt, welcher
sich selbst als Frau sieht!

**Es gibt dabei so unglaublich viele
kreative Kombinationsmöglichkeiten,**
dass ich mich an dieser Stelle bereits im
Voraus dafür entschuldigen möchte,

sollte ich irgendwelche Kombinationen vergessen haben, es war sicherlich nicht meine Absicht jemanden außer Acht zu lassen!

(Facebook bietet inzwischen rund 60 Geschlechter zur Auswahl!)

Zu guter Letzt gibt es noch die Menschen, welche sich selbst entweder keiner von beiden Geschlechtern dazugehörig fühlen oder beide gleichermaßen verkörpern wollen!

Während die Welt in immer gravierendere ernsthafte Probleme zu versinken scheint, beschäftigt sich Deutschland nun damit, ob Worte, wie **"Mutter" und "Vater",** durch geschlechtsneutrale Begriffe erweitert werden sollten. Der Begriff Mutter soll demzufolge als **"austragendes Elternteil"** bezeichnet werden, der Begriff Vater als **"Nicht-Gebärendes Elternteil",**

„Menschenmilch" statt Muttermilch!"

Auf diese Weise soll künftig das selbstbestimmte Geschlecht von ***Trans* Eltern*** mit eingeschlossen und in der Sprache abgebildet werden!

Eltern, welche ihren Nachwuchs nicht selten von Geburt an vollkommen geschlechtsneutral aufziehen und noch nicht einmal nach außen hin kommunizieren, ob ihr Kind denn nun biologisch männlich oder weiblich ist!

"Ist Grammatik tatsächlich ein so unglaublich taugliches Instrument für mehr Gleichberechtigung innerhalb der Gesellschaft?"

Ich möchte nicht sonderlich respektlos mit diesem Thema umgehen, <u>jeder</u> soll das machen, was ihn selbst glücklich macht, <u>solange er niemand anderen Schaden dafür zufügt</u>.

„Niemand braucht beleidigt, verachtet, bedroht, verletzt oder ausgeschlossen" zu werden!"

"Da sind wir uns ja wo allesamt einig"!

Doch...

was nun nach meiner persönlichen Meinung wirklich nicht angehen kann ist, dass der Bevölkerung dieser Lebensstil eines mittlerweile "Kultartigen-Konstruktes" krampfhaft übermittelt, durch die Politik und Mainstream-Medien buchstäblich propagiert wird, um dieses Thema Stück für Stück als gesellschaftlich anerkannt zu etablieren!

"Annalena Baerbock" fordert sogar eine sogenannte "Gender-Polizei", um die vollkommene "Gleichstellung" aller Geschlechter angeblich endlich noch mehr voranzutreiben!

Minderheiten (*Nur etwa 3 Prozent der Deutschen lassen sich Schätzungen zufolge nicht eindeutig einem Geschlecht zuordnen*) werden es bei fast 8 Milliarden Menschen allerdings auch weiterhin immer noch schwer haben akzeptiert und anerkannt zu werden!

Erst recht dann, wenn ihre Art zu leben für die breite Mehrheit seltsam und befremdlich erscheint! Das ist nun mal der normale Verlauf der Dinge, doch kann man von der Masse hier sicherlich auch kein durch billige Propaganda generiertes Verständnis erwarten!

Die Bevölkerung muss vielmehr aus sich selbst heraus eine positive Akzeptanz diesen Menschen gegenüber entwickeln und dies gelingt langläufig sicherlich nicht durch billige Propaganda, Manipulation und Zwang!

Dieser Umstand betrifft nicht nur allein diese Thematik, sondern auch unzählige anderweitigen Bereichen des menschlichen Daseins

"Alles, was durch Zwang andressiert oder abverlangt wurde, hat niemals den gleichen Bestand wie das, was sich eventuell vollkommen natürlich über einen gewissen Zeitraum aus sich selbst heraus entwickelt hätte!"

"Liebe, Respekt und
Verständnis sind jeweils
insbesondere von diesen
Umstand betroffen,
da läuft überhaupt nichts
durch Manipulation und
Zwang…!"

Gleichberechtigung in der Sprache

"Schülerinnen und Schüler
Lehrerinnen und Lehrer
Studierende statt Studenten
Teilnehmende statt Teilnehmer
Mitarbeiterinnen und Mitarbeiter
Wissenschaftlerinnen und Wissenschaftler
Musikerinnen und Musiker
Schriftstellerinnen und Schriftsteller

"Wenn eine Gesellschaft anscheinend nie genug von irgendwelchen belanglosen Problemen bekommen kann, erschafft sie sich eben einfach selbst!"

Ist es tatsächlich solch ein gravierender Unterschied, ob man von Kolleginnen und Kollegen spricht oder nur von Kollegen?

Immer mehr Behörden veröffentlichen Leitfäden über geschlechtergerechter Sprache.

Der Widerstand gegen diese neuen
Vorgaben kann jedoch so weit gehen,
dass Menschen in ihrer Einstellung diesem
Thema gegenüber noch extremer werden!

Ganz nach dem Motto:
*"Ich lasse mir doch nicht vorschreiben wie
ich zu sprechen bzw. zu schreiben habe."*

Mit dem Genderstern wollen
Linguist*innen, Feminist*innen und
Politiker*innen nicht bloß Männer
und Frauen sprachlich gleichsetzen,
sondern gleich alle Menschen mit anderen
Geschlechtsidentitäten in nur einem Wort
berücksichtigen.

**„Dadurch wird der Bevölkerung
allerdings auch vorgeschrieben bestimmte
Wörter nicht zu benutzen und dafür
stattdessen lieber andere zu verwenden!"**

Veränderung der Sprache empfinden
Menschen grundsätzlich eher negativ.
Bereits in der Schule lernen wir durch
Rechtschreibregeln mühselig, was denn
nun tatsächlich "richtig und falsch" ist.

Alles, was nun von diesen gelernten
Regeln abweicht, empfinden wir deshalb
als unästhetisch und irritierend.

**Die Empfehlung für eine
geschlechtergerechte Verwaltungssprache
der "Stadt Hannover" ruiniert die
deutsche Sprache, kritisieren
beispielsweise Sprachwissenschaftler!**

- *„Mitarbeitende" statt
  „Mitarbeiter".*

- *Falls die Sprache das nicht hergebe,
  solle der Genderstern zum Einsatz
  kommen („Ingenieur*in").*

- *Mehr noch: Beim Sprechen möge
  der stumme Stern durch eine „kurze
  Atempause" gekennzeichnet werden.*

**„Die Stadt will nicht nur das Femininum
fördern, sondern das Maskulinum am
liebsten gleich ganz abschaffen,
das muss doch zu einem völligen
Sprachzerstörungsprozess führen!"**

Tatsächlich ist das Maskulinum sprachhistorisch gesehen gar nicht männlich. Explizit gemeint sind weder Männer noch Frauen. **„Lehrer" etwa sind nicht automatisch Männer, sondern „lehrende Personen"!**

„Die Sprache ist ein lebendiger Organismus. Manipulationen sorgen für Kulturverlust!"

„Sprache heißt Denken. Denken heißt Freiheit!"

Jeder Eingriff in unsere Sprache kommt daher einem nicht zu unterschätzenden Eingriff in unsere Freiheit gleich!

Die Verwendung geschlechtergerechter Sprache gehört unserer Ansicht nach zu einer modernen Verwaltung, die grundgesetzlichen und demokratischen Grundsätzen verpflichtet ist",
teilte Sprecherin "Konstanze Kalmus" mit.

„Kann man Toleranz anordnen?"

Sind Versuche, mit Sprache Politik zu machen, nicht üblicherweise **Instrumente in totalitären Systemen?**

Selbst die Sprachforscherin Luise F. Pusch, eine der Begründerinnen der feministischen Linguistik, lehnt den Stern ab. **„Ich bedauere die Einführung des Gendersterns durch meine Heimatstadt Hannover",** sagte sie!

Hannover ist jedoch nicht allein im ganzen Land, diskutieren Verwaltungen fleißig über moderne, politisch korrekte Formulierungen.

In einer Ausstellung der Berliner Landeszentrale für politische Bildung zum Dreißigjährigen Krieg wurden aus dem Volksstamm der „Friesen" jüngst die „Fries*innen".

- *Die Universität Leipzig benutzt generell die weibliche Form („Teilnehmerinnenliste").*

- *Selbst in Lesebüchern für Sechs-
  bis Zehnjährige wird bereits heftig
  gegendert!*

Könnte es sein, dass die vermeintliche
„Vermännlichung" der Sprache in
Wirklichkeit auf der schlichten
Verwechslung von grammatikalischem
und biologischem Geschlecht beruht?

„Ist ein Maskulinum tatsächlich automatisch diskriminierend?"

Zumal es im Deutschen maskuline
Wörter gibt, die Frauen wie Männer
bezeichnen (Mensch, Gast, Filmstar)
und umgekehrt auch feminine Wörter,
die Männer automatisch mit einbeziehen,
wie etwa (Waise, Majestät, Geisel).

„Wörter scheren sich schlicht und einfach überhaupt nicht um das biologische Geschlecht, das tun nur wir Menschen!"

Für den Linguisten Peter Eisenberg ist der
Genderstern eine **„Unterwerfungsgeste",**

eine Kapitulation vor einer Ideologie mit
„sprachpolizeilichen Allüren".

**„Wer den Genderstern als Regelfall
fordere, „vergreife sich schlichtweg
am Deutschen", schrieb er!"**

Wann begreifen die Leute, dass das
grammatische Geschlecht mit dem
biologischen nichts zu tun hat?

Ich bin der persönlichen Überzeugung,
dass unsere Deutsche Sprache auch so
schon bereits alle Möglichkeiten zur
Sichtbarmachung von Frauen besitzt.

Deutsch ist schließlich eine der
ausdrucksstärksten Sprachen überhaupt,
man sollte daher meiner Überzeugung nach
auch weiterhin beide Formen verwenden,
sowohl Maskulinum als auch Femininum!

**"Was sich im Allgemeinen
Sprachgebrauch allerdings
schlussendlich tatsächlich durchsetzen
wird, das entscheiden am Ende immer
noch wir selbst, so ist es schon immer
gewesen…!"**

Die Spezies Gutmensch

Es hat sich eine ganz besondere Art an neuartigen Menschen innerhalb unserer Gesellschaft entwickelt, welche ihr eigenes persönliches Wohlbefinden dadurch stärken und nähren, indem sie stets von oben herab auf ihre Mitmenschen herabschauen und sich selbst stets moralisch lobend hervorheben.

"Sie versuchen ihrem Gegenüber, am liebsten umgeben von Publikum, zu erläutern, was für ein unglaublich schlechter Mensch er doch sei, weil er angeblich dies oder das gesagt oder gemacht hat."

Ihre bevorzugte Beute sind normale, nichtsahnende Menschen, welche lediglich ihre eigenen "Meinungen und Ansichten" zu gesellschaftlichen Themen vertreten, obwohl diese eventuell nicht so ganz mit dem sogenannten "Mainstream" konform gehen.

Nicht selten sind sie "die sogenannten
Gutmenschen unserer Zeit", jedoch selbst
die allergrößten Heuchler und Blender
überhaupt…

**„Sie leben eine Rolle, welche sie
angenommen haben, weil ihnen
ansonsten jegliche Identität fehlt,
womit sie sich anderweitig irgendwie
identifizieren könnten!"**

Ihre Waffen:
*Übertrieben nerv tötende, sowie maximal
ausgeprägte "Political- Correctness",
gepaart mit einem scheinbar unendlichen
Vorrat an Sauerstoff, Selbstvertrauen,
Naivität und zahlreichen moralischen
Vorwürfen!*

Das, was sie **"die Gutmenschen"**
von einem erwarten, sind sie nur in den
seltensten Fällen selbst bereit auch in
die Tat umzusetzen!

Es geht ihnen überhaupt nicht tatsächlich
darum ein wahrhaft guter Mensch zu scin,

**sondern vielmehr darum, ihren
Mitmenschen weiß zu machen,
wie fürchterlich unsozial oder
unverantwortlich sie sich doch alle
im Vergleich zu ihm selbst verhalten
würden!**

Am liebsten fixieren sie sich bei ihrer Jagd
jedoch auf einzelne Beute und schnappen in
dem Augenblick schlagartig zu sobald ihr
Opfer auch nur einen Hauch einer
Bemerkung äußert, welche laut seiner über
allen Zweifeln erhabenen Meinung absolut
moralisch verwerflich sein.

*Im Laufe meiner jahrelangen, mühseligen
Analyse der Spezies "Gutmensch" habe ich
immer wieder festgestellt, dass einige
besonders prächtige und mutige erfahrene
Exemplare sich sogar darauf spezialisiert zu
haben scheinen, den Nährstoff ihrer eigenen
erbärmlichen Existenz dann am effektivsten
aus ihrem Opfer zu schöpfen, wenn sie
während der Jagd zusätzlich umgeben von
anderen Personen sind!*

Dieser Umstand liegt wahrscheinlich daran geschuldet, da sie sich auf diese Art und Weise nicht nur allein vor einer, sondern gleich mehreren Personen selbst ins unermessliche profilieren können, während sie dabei zeitgleich auf ihrer Beute herumhacken!

Ich möchte Sie hiermit dringlichst davor warnen sich auf eine Diskussion mit diesen Geschöpfen einzulassen, befindet sich solch ein Wesen in ihrer unmittelbaren Umgebung, sollten sie zunächst einmal die Ruhe bewahren und jedweden Augenkontakt vermeiden!

Beschränken Sie die gemeinsamen Gespräche und erst recht alle gemeinsamen Interaktionen auf ein absolutes Minimum!

!!!GANZ WICHTIG!!!

Sprechen sie auf gar keinen Fall politische bzw. gesellschaftskritische Themen an, achten sie insbesondere auf ihre generell genutzte Wortwahl", meiden sie Begriffe, welche entweder zweideutig, grundsätzlich falsch verstanden oder ihnen falsch ausgelegt werden könnten!"

Versuchen sie nach Möglichkeit "neutral und emotionslos" zu agieren, lassen sie sich gar nicht erst auf irgendwelche "provokanten Spielchen" ein, darin können Gutmenschen wahre Meister sein!"

!!!GANZ WICHTIG!!!

Sie haben Angst vor der AfD

Wenn man sich etwas mit der deutschen Politik befasst, dann stellt man sehr schnell fest, dass die AfD ausgegrenzt wird und kaum gleichberechtigt wie die anderen Parteien zu Wort kommt, die AfD wäre ja schließlich sowieso nicht wählbar, so heißt es zumindest...

„Einen wirklichen Grund dafür kann aber niemand anführen!"

Meistens wird nur stumpf die **Nazi-Keule** geschwungen oder irgendwelche Aussagen von Fernseh-Moderatoren nachgeplappert.

„Wer sich jedoch ganz rational mit dem Programm der AfD befasst, der findet dort die CDU aus der alten Zeit, in der sie noch wählbar war!"

ARD und ZDF sind im Bundestagswahlkampf zur Ausgewogenheit verpflichtet, daher werden in den letzten Wochen vermehrt AfD-Politiker eingeladen.

**„Man ist doch regelrecht erstaunt wie
vernünftig und vor allem inhaltlich stark
diese mittlerweile öffentlich auftreten!"**

Mit Rechtsradikalismus haben die Aussagen
dieser Politiker nichts zu tun, dafür hört
man aber erstaunlich viel gesunden
Menschenverstand!

Warum also diese Ausgrenzung der AfD?

**Natürlich passt es den etablierten
Parteien nicht,** wenn eine neue Partei ihnen
Mandate und somit auch Gelder wegnimmt,
weil sie bei vielen Wählern einfach besser
ankommt.

Als die Grünen oder die Linken neu in den
Bundestag kamen, wurden sie beispielsweise
zunächst auch permanent diffamiert und
ausgegrenzt. Neue Konkurrenz wird nie mit
offenen Armen begrüßt!

**Und während man bei den Grünen
und Linken** eben damals auf die
"Linksextremismus-Schiene"
ging, so nutzt man bei der AfD heute
die "Rechtsextremismus-Schiene!"

**„Wir leben in einer Zeit, in welcher
alles was auch nur etwas weiter rechts
ist als die Grünen, unter
Rechtsextremismus-Verdacht gestellt
wird!"**

Die Folge davon ist, dass man gerade bei
der AfD jede unüberlegte Aussage sofort als
Beweis interpretiert, dass die Partei nicht
demokratisch wäre. **Dumme Aussagen gibt
es jedoch von jeder Partei,** aber nur bei der
AfD werden sie medial seltsamerweise
permanent hochgekocht und genutzt, um die
gesamte Partei deutlich **negativ zu
brandmarken!**

**„Weder die Aussagen noch die Mitglieder
der AfD sind objektiv extremer als bei
den Grünen oder der Linkspartei!"**

Von letzteren beiden Parteien hört man aber
seltsamerweise nie, dass sie angeblich
undemokratisch oder unwählbar wären seit
sie sich etabliert haben.

Die AfD jetzt also als extremistisch oder gar als Gefahr für die Demokratie darzustellen, ist grundsätzlich nur deshalb so populär, weil es nicht im Interesse der anderen ist, dass diese Partei Erfolg hat!

Weder die etablierten Parteien noch die Rundfunksender haben ein wirkliches Interesse daran, dass die AfD erfolgreich ist! Gerade beim Rundfunk hat man sogar recht große Angst vor der AfD, weil diese für die Abschaffung des zwanghaften Rundfunkbeitrages eintritt.

"Somit wollen ARD und ZDF mit psychologischer Manipulation die Partei in jeder Sendung als rechtsextrem und unwählbar darstellen, jedoch nicht aus qualitativ hochwertigen journalistischer Motivation heraus, sondern aus rein finanzieller!"

Der Rundfunk missbraucht seine maßgebliche Macht, um eine Partei zu schwächen, welche dem Rundfunk gegenüber selbst kritisch eingestellt ist.

Nicht wirklich überraschend, dafür aber moralisch extrem falsch...!

Kein Bürger sollte sich also einreden lassen, dass die AfD völlig unwählbar sei, wenn die eigenen Interessen von der AfD vertreten werden, dann ist die AfD wohl die beste Wahl. **So ist das bei jeder Partei und es ist erst recht undemokratisch bei der AfD so zu tun als wäre es da anders!**

„Jeder soll die Partei wählen, welche am ehesten die Themen vertritt, die einem persönlich wichtig erscheinen!"

Viele trauen sich auch nur nicht die AfD zu wählen, weil es gesellschaftlich ja so aggressiv bekämpft wird. Diesen Leuten sei zum Schluss noch gesagt: **Die Wahl ist anonym und ihr müsst euch vor keinem rechtfertigen, was ihr für euch gewählt habt!**

Sollte die AfD auch weiterhin so viel Zuspruch von den Bürgern erfahren, ist es wohl nur eine Frage der Zeit bis

die anderen Parteien mit ihr so oder
so zusammenarbeiten müssen!

**„Dann können Sie zumindest endlich
einmal beweisen, ob Sie tatsächlich
etwas drauf haben oder ob nicht
eventuell doch nur alles heiße Luft
war, was sie von sich gegeben haben.“**

Weitere Bücher des Autors

Biografie:
**Mein Weg als einfacher Wachmann
hin zur Philosophie**

„Memoiren eines
produktiven Geistes..." (2021)

BEST OF COLLECTION:
GESAMMELTE WERKE
„2011 – 2021"

System / Gesellschaftskritik:

- *Freigeist: Meinung frei schnauze (2021)*
- *Dystopie / Utopie: Schlimmer geht's immer, besser wird's nie! (2020)*
- *Demokratie? Eine Einführung der unterschiedlichen Herrschaftsvariationen (2021)*
- *Die 4 Säulen des Scheiterns (2019)*
- *SklavenLEBEN (2020)*
- *Eine Kritik des modernen Menschen (2020)*
- *Equilibrium: Das neue Gleichgewicht (2021)*

Verschwörungstheorien:

- *Was wäre gewesen wenn...?*
  Weltgeschichtliche Ereignisse
  neu interpretiert (2021)
- *Verschwörungen:*
  Fiktion oder Wirklichkeit? (2020)
- *Reset: Der Anfang einer*
  Neuen Welt (2018)

Verschwörungen für Anfänger:
1. *Die COVID-19 Diktatur (2021)*
2. *Die BRD Verschwörung (2020)*
3. *Die Rothschild & Bilderberger*
   Verschwörung (2in1 Edition) (2020)

Philosophie:

Philosophie für Anfänger: Band 1-4
1. *Du bist Gott! (2020)*
2. *Die Wahrnehmung der Welt*
   (2020)
3. *Freiheit vom Leid (2020)*
4. *Die hartnäckige Illusion*
   des ICH'S (2020)

- *Das Handbuch der Welt:*
  -New Edition (Sonderedition 2021)
- *Das Handbuch der Welt (2019)*

- *Die Datenwelt Theorie (2015)*
- *Die Datenwelt Theorie 2.0*
  (New Edition 2019)

- *Sudelbuch: Philosophische Notizen mit Biss...! (2021)*

- *Arthur Schopenhauer: Eine "kleine" Einführung (2019)*

- *Die höhere Erkenntnis: -New Edition (Sonderedition 2021)*
- *Die höhere Erkenntnis: Ein Weg zum besseren Verständnis der Welt (2014)*

- *Eine kurze Zusammenfassung des Ganzen (2014)*
- *Eine kurze Zusammenfassung des Ganzen & Die höhere Erkenntnis: (2in1 Sonderedition 2015)*